ト No. 15

戦後の教員養成改革と私立大学

―早稲田大学教育学部の回顧から―

表紙写真提供：早稲田大学名誉教授　榎本隆司

はじめに

二〇一六年一月二十三日、早稲田大学教育総合研究所による第二十二回教育最前線講演会「戦後の教員養成改革と私立大学　早稲田大学教育学部の回顧から」が開催されました。このブックレットは、その講演会をもとに編集されたものです。戦後七十年を経た今、改めて教育学部の草創期を振り返りながら、教育学部に何が求められていたのか、そこで何を実現しようとしていたのか、そしてそれは実現できたのかどうかをいろいろな分野や立場から考えてみたいという企画です。教育最前線講演会シリーズでは、今日的なトピックをこれまでに数多く取り上げてきていますが、今一度、歴史をさかのぼって戦後の教育学部、あるいは教員養成の歩みを検証し、見直していくこともまた、今の、そしてこれからの教育を考えていくうえで欠かせないことでもあります。

戦後の教育改革の中で、私立大学として教育学部を設置したのは早稲田大学が最初であったわけですが、そのような歴史的な事実をふまえ、その歴史を見つめ直し、将来的な教員養成の在り様、次世代に向けての在り様を考えていく機会としたいという企画です。

とはいえ、言うまでもなく歴史をふりかえり、見つめ直す際には、多様な方法があります。今回取り上げることとなった早稲田大学教育学部にしても、これまでに『早稲田大学百年史』や『早稲田大学教育学部五十年』でも取り上げられてきています。これらをふまえつつも、新たな視点を加えながらこの時期をとらえ直していく必要があります。今回の企画では、いくつかの方法で教育学部の草創期をとらえ直していくこととしました。一つの方法は直接当事者からの話を聞く、という方法です。戦後における教員養成の制度改革の中、早稲田大学教育学部が生まれてくる過程に、そしてまたその草創期に勤めていた先生方から直接話を聞く機会を設けました。

ただ、当事者からの直接の話も重要ではありますが、その裏付けとなる大学の各種の過去の文書、記録類も重要となることは言うまでもありません。大学に当時の文書がどれだけ、どういう状態で残っているのか、あるいは何が残っていないのかを明確にしていく必要があります。このことは、学校機関の文書保存が必ずしも統一的、体系的に整備されていない日本では、軽視できない問題でもあります。そのため、今回は早稲田大学の大学史資料センターから、現在早稲田大学の所蔵する関連文書類の状況やそこから見えてくること、さらには保存資料に関する課題をうかがう形をとっています。

では、戦後の日本の教育養成制度の改革、展開という大きな流れの中で、早稲田大学の教育学部の事例はどのように位置づけられるのでしょうか。こうした、より大きな状況とのかかわりを俯瞰的にとらえる見方も当然必要となります。そのため、日本の教育史を専門とする立場からの視点を設けて、早稲田大学の事例を位置づけ、考えていけるようにすることとしました。加えて、今後の大学での教職制度や、将来における教育学部の課題へと議論をつなげていくねらいのもとに、現在の教職課程主任にも加わっていただくこととしました。

教育学部の創設期についての記憶を掘り起こしながら、これらいくつかの角度からの議論と結びつけていく中で、今後の教員養成や教育学研究についての新たなてがかりが見いだしていければと思います。

二〇一六年三月一日

早稲田大学教育・総合研究所副所長
和田敦彦

教育学部草創期の理念と歩み

早稲田大学教育・総合科学学術院教授　湯川　次義

湯川と申します、どうぞよろしくお願いいたします。早稲田大学教育学部の理念や歴史を考える前提として、まず戦後復興期における早稲田大学高等師範部の改革を話そうと思います。続いて、戦後日本の教員養成改革はどのようなものであったのか、それが本大学教育学部の在り様にどのように関連しているのかについて振り返ります。その後、一九四九年に設立された教育学部がどのような目的を持っていたのか、またどのような組織であったのかについて話を進めます。最後に、教育学部内に設けられた教職課程について触れたいと思います。

1．戦後復興期における早稲田大学高等師範部

早稲田大学（一九〇二年以前は東京専門学校）の高等師範部（国語漢文科、歴史地理科、法制経済科、英語科）は一九〇三（明治三十六）年に設けられました。それ以前にも早稲田では専門部で教員養成を行っていたのですが、専門部の教員養成に関連する科をまとめる形で高等師範部を設けました。『早稲田大学百年史』（第二巻）によると、後に総長になる高田早苗は高等師範部創設に関連して「活動的国民」の養成を「天職」とするような教員になってほしいと、生徒に訓示していま

す。

早稲田大学が高等師範部を設けて本格的に教員養成に取り組み始めた法的な根拠としては、従来官立学校に限定されていた中等学校教員の資格を、私立学校卒業者にも与える（中等教員の無試験検定）という改革が一八九九年になされたことがあります。男子の中学校及び女子の高等女学校がこの時期に整備され、大量の教員が必要になったことがこの改革の大きな理由だったと思います。この法改正に対応したのは早稲田だけではなく、後で述べますが、他の私学でも高等師範部などを設けて教員養成を本格的に開始しています。

次に、一九四七年に教育基本法・学校教育法などによる新しい学制ができる以前の、戦後復興期の高等師範部に話を移します。敗戦時の早稲田大学高等師範部には国語漢文科・英語科・国民体錬科の三つの学科がありましたが、英語科は一九四三年に生徒募集を停止している状態でした。民主社会への対応と専門領域の拡大を目指し、高等師範部は一九四六年四月に大きな改革を進めます。

改革は五点ほどありましたが、一つ目は修業年限の延長です。高等師範部だけではなく、旧制高校や大学も戦争中は修業年限を一年もしくは半年間短縮していたのですが、三年制を元の四年制に戻しました。二つ目は社会教育科の新設です。社会教育科が設置された背景には、学校教育以外の場でも自立した市民の育成が行われるべき、といった方針がＧＨＱ等からもたらされたことがあると思います。この社会教育科の中には、学科目として「女性史及女子教育史」や「婦人問題」（ともに毎週教授時数：二時間）が置かれましたが、これは重要な点として理解すべきで、敗戦後の女性の社会的地位の向上や民主社会における女性の育成と深く関連していると考えられます。男子系の高等教育機関でこのような科目が設けられた最も早い事例のひとつと言えるでしょう。

三つ目は女性への門戸開放（学部は一九三九年から）ですが、この点は第二の女性の地位向上とも深く関連しています。四つ目は英語科の生徒募集再開と国民体錬科の体育科への名称変更、五つ目は三年修了者への大学学部入学資格の付与です（「昭和十九年九月起　学則認可関係書類　早稲田大学」）。

2. 戦後の教員養成制度の改革

次に、創設期の教育学部の特色を考える前提として、新学制のもとで教員養成制度がどのように改められたのかを確認しておきたいと思います。一九四六年三月に出されたアメリカ教育使節団の報告書や同年八月以降の教育刷新委員会での議論をもとに、一九四七年三月に教育基本法と学校教育法が制定されました。これらの法律は、個人の確立を中核とする民主的な教育目的と教育の諸原理、それを実現するための民主的な学校制度を定めたものです。このような、教育を担う、あるいは実現する教員の養成も当然必要になりました。すなわち、一九四九年五月に教育職員免許法が定められ、これによって新しい教員養成制度が確立し、戦前の教員養成の理念と制度が根本的に改革されることになります。

後にも述べますが、この制度改革で教員養成に国公私立の別は無くなり、私学における教員養成の役割が重要なものになりました。こうした私学への拡大は、教員の多様性を生み出すことになったと言うことができ、戦後教員養成制度の重要な改革点と捉えてよいのではないかと考えます。

この改革の要点は、①免許状主義、②専門職制の確立、③大学における養成、④開放制、⑤上進制の五点にあります。①の免許状主義は、戦前の小学校教員の中で免許状をもつ人は半数もいなかったのに対して、戦後は免許状をもつことを徹底することにしたものです。②の専門職制の確立では、小・中・高といった学校段階や教諭・校長といった職の違いによる免許状を設けました（中・高教員については教科ごとの免許状）。さらに、教員養成は大学で行うことを原則にしました。学問の教育・研究機関であり、かつ自由と自治が保障された大学において教員養成を行うことを原則とし、教員養成のレベルの向上を図るとともに、学術に基づく教員の養成が目指されました。④の開放制としては、戦前のように官立・公立学校と私立学校の別を設けず、同一の所定の単位を修得すれば免許状が付与されるという制度を導入しました。後にも述べますが、これにより私学の教員養成の役割が拡大することになります。そして⑤の上進制は、現職教育によって上級免許状を得られるという制度で、現職教育を重視することも含まれています（『現代教育史事典』東京書籍）。

この他、戦後の改革では資格・待遇・社会的地位を均一化しました。従来は小学校教員と中等学校教員ではそれらが異なっていましたが、その相違を撤廃して均一化が図られました。

③の大学における教員養成という点について少し詳しく述べますと、戦前の師範学校といっ

た教員養成だけを目的とした学校による養成を改め、学問の府としての大学で養成するという原則を確立しました。この改革の第一のポイントは、教員の資質を向上させたという点です。戦前の師範学校は現在でいえば中等教育機関にあたります。それを大学教育の段階に改めることにより、学問的基礎を持つ教職の専門性を確立することを目指しました。早稲田大学の場合、高等師範部は専門学校でしたが、教育学部は大学の学部として設けられています。

第二のポイントは、第一の結果でもありますが、学問を基礎に置いて教員養成を行う点にあります。戦前の師範学校が国家意思の伝達を担う教員を育成し、幅の狭い教育技術を習わせてきた点を反省し、大学における高い教養の修得と深い専門的学芸の研究を通して、個性豊かな人間を形成し、そのような青年の中から、教育についての専門的知識・技能を身につけた教員を生み出すことに重要な意義を認めた、と言えます。

④の開放制の教員養成は、教員育成を主目的とする大学・学部の卒業者以外に、免許法の定める単位を取得すれば一般大学・学部の卒業者にも教員免許状を付与するという制度です。これにより大学における教員養成という理念が具現化され、戦前の師範学校における「師範型」の教師像は払拭されました。戦前は「師範型」という言葉がよく用いられましたが、これは褒め言葉ではなく、むしろ蔑視的な意味を持っていました。教養がない、視野が狭い、権威に弱いなど、そういった教員像を批判して「師範型」と言ったものです。

さらに、開放制の重要な点は、私立学校でも小学校（及び幼稚園）の教員を養成できるなど、私学での教員養成が重視された点です。戦前は府県立師範学校でのみ義務教育機関としての小学校教員の養成が行われていましたが、それを設置主体の別なく教員資格を付与することにしました。その結果、中等教育機関の教員も含め、私学でも教員養成を行う幅が大きく拡大しました。それに伴い、教員の多様性が生まれ、学校教育現場に良い効果を及ぼすことになりました。言われることは少ないのですが、この点も戦後教員養成制度改革の大きな成果と言えるのではないでしょうか。

なお、当初はどの大学で取得した単位も免許法上で有効とされていましたが、一九五三年の同法改正により、教員養成の課程（教職課程）として相応しいと文部大臣が認定した大学で、同法の定める単位を取得した場合に限り教員免許状が授与される、いわゆる課程認定制度に改められました。

3．教育学部の設立と性格

⑴　教育学部という名称と目的

次に本教育学部の設立目的について検討しますが、まず教育学部という名称について確認しておきます。戦前にもごく少数の大学で教育学の研究が行われていましたが、教育学部という学部はありませんでした。一九四九年の新制大学発足時に、教育学部や学芸学部の名称の学部が国立大学を中心に多数設けられました。私立大学では、戦後しばらくの間は早稲田大学だけが有していました。

教育学部はその性格から二種類に大別できます。ひとつは教員養成を主目的とする学部です。

一九四九年の国立学校設置法で、各都道府県に教養及び教職に関する学部等を置くことが決められ、戦前の師範学校や青年師範学校を主な母体として、教員養成を目的とする教育学部、あるいは学芸学部が設置されました。もうひとつは、教育についての研究・教育を行う学部です。旧帝国大学、旧文理科大学などは、新制大学に再編される中で教育学部を設置し、国民による民主的な教育運営を行うために必要な教育行政の専門家や教育研究の専門家の育成を目指しました。

それでは、早稲田大学の教育学部はどちらの類型に属するのでしょうか。教員養成を目的とした高等師範部を母体としていた点で前者と言えますが、実態としては後者の機能も果たしてきました。このため、例えば東京文理科大学を母体とした東京教育大学のように、両者を兼ねた教育学部と見ることができるでしょう。この点は、一九五一年刊行の『教育学部案内』に次のように記されていることからも明らかになります。

多数の勝れた教育者を輩出した高等師範部の伝統に基づき、中、高等学校教員および教育行政者の養成を主な目的として設置された。しかし、その教育の語義を広く解釈し、学校教育の場に立つ教員を養成することを主とすることに変りはないが、同時に広く社会を対象としてその師表たるべき人物をも養成する、という方針を立てている。その意味は、教育学科内に教育学課程とともに教育行政課程、社会教育課程を置いたことにも現れている。

なお、前にも触れたように、戦前には高等師範部などを設ける私学が多く、早稲田大学高等師範部の他に、國學院大学師範部、日本大学専門部高等師範部、日本女子大学校専門科師範家政学部、法政大学専門部高等師範部などがありましたが、早稲田大学高等師範部だけが戦後に教育学部として独立しました。他の私学が教育学部を設けなかった理由は不明ですが、一九六〇年代以降には、教育学部と称する学部が徐々に増加し、芦屋大学教育学部（一九六四年）、立正女子大学（現：文教大学）教育学部（一九六九年）等が早い時期のものとして挙げられます（二〇一四年度には、私立大学で三十五校、国立大学で三十九校、公立大学で一校が教育学部を設けています）。

⑵　早稲田大学教育学部の目的

次に、一九四九年に設けられた早稲田大学教育学部の目的について検討します。一九五一年の『教育学部案内』では、早稲田大学が教育学部を設けたことは「極めて意義深い」とするとともに、次のように目的や意義を記しています。

　発足した全国の新制大学中、私学に於ける唯一のものとしての教育学部の存在は学問の独立と研究の自由を教旨としてきた早稲田大学が、教育最高の府としての本来のあり方を示す最も端的なあらわれであるとさえ言える。
　敗戦を機として、未曾有の転換期を迎えた日本が、平和的文化国家の建設を中外に宣言した今日「教育」のもつ使命の重大さについては、今更述べるまでもないことであるが、それ故にこそ、わが教育学部の存在意義が、より深く認識されなければならないのである。

ここでは、教育学部を設置したことは「学問の独立と研究の自由」を標榜してきた早稲田大学が、「教育最高の府としての」あり方を示す最も端的なあらわれであると評価しています。さらに、憲法に規定された平和的文化国家を建設するにあたって教育の持つ重要性を指摘している点にも着目する必要があると考えます。続いて『教育学部案内』では、学部の目的を次のように説明しています。

特殊な、しかも大いなる理念を掲げる当学部ではあるが、それは決して従来の師範教育に於けるが如き内容のものではなく、学問による人格陶冶という大学教育の目的は、夫々の専攻学科を通じて何よりも先ず立派に果されている。その充実した学科課程に明らかな通り、広い一般教養の涵養と、深い専門知識の修得とに於て、当学部の持つ性格の特色は、更に顕著に語られている。高等教員の育成を目指す当学部に於て、よき教育者たらんとする者は先ずよき学究の徒でなければならぬとは、創始以来極めて地味な、しかも着実な学風の中に、大きな伝統の流れとして、続けられてきたところのものである。

ここでは、戦前の教員養成の在り方を批判するとともに、一般教養と深い専門的な知識を修得するという点に教育学部の特色を見出しています。さらには、「よき教育者たらんとする者は先ずよき学究の徒でなければならぬ」という理念が、早稲田の教員養成の伝統であり、それが教育学部にも引き継がれていると、『早稲田大学百年史』（別巻Ⅰ）では評価しています。学究者としての自覚を基礎に教員となって欲しいという点は、戦後日本の新たな教員像を表したものと受け取れます。このような教育学部、あるいは早稲田の教員養成の理念は、開放制の教員養成の理念と軌を一にするものであり、戦後に確立された新たな教員像とその養成のあり方が投影されていると考えられます。これは、同じ教育学部という名称であっても、各県の国立大学教育学部が教員養成に目的を特化し、免許状の取得を卒業要件として義務づけたことと対照的であり、早稲田大学教育学部の大きな特徴と言えます。

(3) 早稲田大学教育学部の組織と変遷

早稲田大学教育学部は、教育学科・国語国文学科・英語英文学科・社会科という構成で一九四九年に始まります。国語国文学科と英語英文学科は、高等師範部以来の伝統を継ぐものでしたが、教育学科と社会科は新設された学科でした。教育学科は、一九五二年から教育学課程、教育行政課程、社会教育課程で構成されています。また社会科は、戦後に新設された社会科の教員養成を主な目的とし、一九五二年からは地理歴史と社会科学に分離しています。

教育学部の一九六〇年代までの組織編成を見ますと、一九六二年に教育学科に教育心理学専修が、一九六四年に教育学科体育学専修と理学科（数学・生物学・地学専修）が設けられ、この体制がおおよそ二〇〇〇年頃まで継続することになります（人間科学部の新設に伴い、体育学専修は一九九四年に廃止）。

次に学部の学生数を見ますと、創設当時の一学年の学生定員は三〇〇人で、収容定員は一、二〇〇人でした（一九五〇年の在学者数：一、〇八七人）。その後、学科組織の拡充が行われ、卒業生数は一九五〇年に一六三人、一九六〇年に六〇二人、一九七〇年に一、〇六〇人、一九八〇年に

一、二七八人と増えています。なお、入学志願者数は一九七〇年に一・五万人、一九七六年に三万人、一九八〇年に二・九万人にも達しました。

教員免許状取得者は、一九七〇年に四八〇人（全学八六〇人）、一九七五年に七七四人（全学一、二九一人）、一九八〇年に八二二人（全学一、五三九人）、一九八五年に六三九人（全学一、三五五人）、一九九〇年に四一九人（全学八九三人）、一九九五年に二一五人（全学六一二人）と変化しています（『早稲田大学教育学部五十年』）。

4．教職課程の設置

一九四九年の教育職員免許法に基づいて教員免許状を取得させるため、各大学では教員養成についての課程を設けました。早稲田大学では、九月一日の免許法施行にあわせる形で同月教育学部内に教職課程を置きました（『早稲田大学教育学部五十年』）。また、一九五三年には各大学の養成課程が文部省の認定を受けることとなり、早稲田大学でも認定を受けています。教職課程をどこに所属させるかについては、多少の紆余曲折がありましたが、現在まで教育学部内に置かれていて、教職課程主任がその主要な任務を担い、その運営は他学部教員も加わる教職課程委員会によって行われ、それが教授会で承認され、実施に移されているというのが当時の状況だったようです（なお、教職課程の運営組織は、二〇一六年度から教職支援センターに変更される予定です）。

早稲田大学教育学部の場合は、教員免許状の取得を卒業要件としなかったため、教育学部の学生であっても、免許状取得希望者は教職に関する科目を教職課程で履修することにしました。

この他、教員の専門性の向上という点では、大学院の拡充も行われてきました。大学院では、教員養成だけでなく、教育に関連した諸科学、あるいは他の学問の専門家や研究者の養成も目的にしています。これまで、教育学部を基盤にして、教育学研究科修士課程が一九九〇年に、同博士後期課程が一九九五年に、そして教職研究科修士課程が二〇〇八年に設置されています。

講演の最後に、本教育学部の目的が教員養成なのか専門性を備えた広い人材養成なのかという点について、私なりの考えを述べたいと思います。私は、これらを対立的にとらえるのではなく、各学科の専門性を備えた幅広い分野の社会人を育てる、というまとめかたでよろしいのではないかと思います。これは教育学部だからそうだということではなく、今日においては大学の四年間で学習できる領域は限られていますので、学部段階では、専門性に立つ教養人の育成が重要なのではないかと言われています。そういう意味でも、教員養成だけに特化せず、幅広く教育や関連科学を学ぶことによって、一人の人間として成長していくということが教育学部の目的と合致するのではないでしょうか。その中から教員を目指す人が数多く出てきてくれればよいのではないか、と考えます。

どうもありがとうございました。

大学史資料センター所蔵資料から

早稲田大学大学史資料センター助教　檜皮　瑞樹

大学史資料センターの檜皮と申します。本日は貴重な報告の機会をいただきありがとうございます。本日の報告では、一九四九年の教育学部の新設にあたっての学内における議論を、大学史資料センター所蔵の資料から確認し、その大まかな流れを整理したいと思います。

大学史資料センターの前身は、『早稲田大学百年史』（以下『百年史』と略す）を編纂するにあたり設置された大学史編集所という組織です。『百年史』は一九九七年に刊行を終え、翌一九九八年に大学史編集所は大学史資料センターへ改組されました。『百年史』編纂の過程でさまざまな資料の収集が行われましたが、その中に本日ご紹介する資料も含まれております。ちなみに本日ご紹介する資料は、もちろん初めて世に出るようなものではなく、「新制早稲田大学の発足」というタイトルが付けられている『百年史』第四巻九編の中で活用・紹介されているものです。ただし『百年史』の中では、戦後の教育改革の中で大学全体がどういうビジョンを掲げていくのかといった点に焦点があてられたため、特に教育学部の新設という問題に特化しているわけではありません。これらの資料は、もともとは『百年史』編纂のために収集されたものですが、現在では引き続き大学史資料センターが所蔵しております。基本的にはどなたでもご覧いただける状態になっておりますことを申し添えておきたいと思います。

最初に大きな前提として、学内での動きがどのようなものであったのかという点を整理しておきます。一九四六年十二月に、新制大学を見据えた学内の議論を担当する組織として企画委員会（委員長・吉村正）と教育制度研究委員会（委員長・島田孝一）という二つの全学的組織が作られました。企画委員会は新制大学への転換という問題にだけに限定したものではなく、敗戦後の早稲田大学がどのようなビジョンを掲げていくのか、大学として何を目指していくのかという非常に幅広い議論を行っています。そのため、実際の新制大学の学部編成等については、教育制度研究委員会が中心となって議論が進められていきます。一九四七年九月に教育制度研究委員会が答申を出し、その翌月には、教育制度改革委員会（委員長・大濱信泉）が設置され、より踏み込んだ議論が展開されていきます。そして一九四八年三月に教育制度改革委員会が『学生改革要綱（案）』を答申し、この要綱案が新制大学における学部編成へと繋がっていくことになります。教育制度研究委員会は、一九四六年十二月から一九四七年九月まで、約十ヵ月の間に全十一回、毎月一回以上の頻度で開催されています。教育制度改革委員会のほうは一九四七年十月から翌一九四八年三月まで、約半年の間に十三回の議論を重ねています。

それでは次に、これらの委員会の中で行われた論点のなかで、高等師範部をどう取り扱っていくのか、新しい教育学部をどのような内容にしていくのかといった議論について紹介していきたいと思います。高等師範部に関する議論が最初に登場するのは、一九四七年二月二十四日、教育制度研究委員会の臨時委員会においてです。その記録の中に「高等師範部について」という項目があり、「目下のところでは将来の教員は大学卒業でなければならぬやうになるらしいが、若しさうなるとすれば高等師範部は大学に昇格することになるであろう」と記されています。その後一九四七年三月に、『新学生要綱（第一試案）』という、新制大学の学部編成に関する最初のまとまった試案が提出されます。この第一試案の中には政治経済学部・新聞学部・法学部・文学部・商学部・理学部・工学部・師範部という八つの学部が想定されており、ここで初めて具体的に師範部という名称が登場しています。資料には、「此ノ試案ハ昭和二十二年二月二十八日第三回委員会ニ於テ中島委員ノ開陳セラレタル意見ヲ基礎トシテ立案シタモノデアル」と記されているように、企画委員会で中島正信先生が出された意見を基礎とした内容であったことが確認できます。また、新制学部編成という問題が、教育制度研究委員会ではなく、より大きな課題を議論するために設置された企画委員会によって試案が出されたことも確認できます。そして一九四七年六月十三日に開催された第七回教育制度研究委員会においては、師範学部の設置についてはさらなる議論及び検討が必要だということが申し添えられています。また、同年六月二十日に開催された第八回教育制度研究委員会でも、新制の大学では従来の五学部（政経・法・文・商・理工）の他、師範学部及び工業経営学部を置くことが提示されると共に、師範学部を置く場合はその内容については大いに検討を要すると記されています。これらの記録からは、新制大学の学部編成の議論が始まった一九四七年前半というかなり早い段階で、高等師範部を大学の学部として位置付けることそのものについてはほぼ合意が得られていたことが読み取れます。ただしその内容については、当初からさまざまな議論、異論が出されていたことも推測されます。

次に教育制度改革委員会での議論を紹介します。一九四七年十月二十九日の第二回教育制度改革委員会では、新制大学の学部の種類については、従来の五学部に相当する学部を新設する他に師範学部を置くことが提起され、工業経営学部設置案はここで立ち消えになっています。師範学部については、この時点で新設学部として設置することが確定したと考えてよいと思います。ただし名称及び内容については、やはり研究を要するということが申し添えられています。

この時点までは、師範部と師範学部と名称が混在していますが、最終的に教育学部という名称が登場するのは、一九四七年十二月五日に開催された第六回教育制度改革委員会においてです。「師範学部案について」という箇所に、名称を教育学部とすることが明記されています。さらに、学部の名称だけではなく、教育学部の学科編成に関してかなり踏み込んだ議論が行われています。そのひとつが、社会教育学科に関して「社会科担任の教員養成を主なる目的とするものであるから社会学科と改称する」との記述です。この後もしばらくは社会学科という名前が資料には登場することになります。

そしてもうひとつ大きな論点は、体育学科と数学科をどう取り扱っていくかという問題です。この第六回教育制度改革委員会の時点では、体育学科に関しては、「教育学部には今回は体育学科を新設しない」と、最終的に設置しないということが決定されます。さらに数学科に関しては、理工学部の方針が決定するのを待って善処するとしています。教育学部は、この後も他学部（特に文学部と理工学部）との調整をどうするかが問題になっていくのですが、この点もかなり早い段階で暗示されているということが確認できます。同年十二月十三日の第七回教育制度改革委員会では、新制の文学部の学科構成案を議論した際に、注釈として「なお文学部の人文地理専攻新設の可否、及び同教育学専攻と教育学部との関係について活発な議論が行はれた」と記されています。体育学科の設置に関しては、同委員会の議事録には「審議討論の結果、前回の決議通り今回は新設しないことに決定」と、非常にあっさり書かれているのですが、他の資料には、体育学科の設置に関して高等師範部教授会から強い要望があったということも書かれています。

さらに、一九四八年一月一六日の第八回教育制度改革委員会では、数学科のことが議論されています。議事録には「なほ、赤松委員から前回の委員会において新制教育学部における数学科の設置については、理工学部の方針の決定を待って善処する旨を述べたが、理工学部に数学科が新設されるにしても教育学部に将来数学相当の教員養成を目的とする専攻学科を設置することはこれに拘束されるものではないという旨の意志が表明された」と記されています。ただ、資料の現物を見てみますと、「将来」というところが後からの書き込みになっています。ですので、これは含みを持たせたと言いますか、数学科の設置が新制教育学部発足の時点ではおそらく難しいものの将来においては否定されないのだという、赤松保羅先生がある種の言質を取られたのではないかと推測することができます。この赤松先生の意志表明に対し、理工学部の山本研一先生からは、理工学部に設置される数学科においては、教員養成を従とし、高等の数学研究者を養成することを主とするから、決して反対するものではない旨が述べられています。ただ、ご存じの通り教育学部に理学科が設置されるのはもう少し後になります。後に新しく設置されることとなる理学科の議論の前提というものが、既に新制大学への転換という時点の議論に表れているということも、興味深い点と言えると思います。

同年一月二十七日に開催された第九回教育制度改革委員会では、「教育学部に大学院を設置する件」が議題として挙げられています。ここでは新設教育学部の大学院に関して、文学部学部長の谷崎精二委員から学位審査に関しての疑義が提起されながらも、「この点は将来研究することにして、大学院を設置することを決定し、企画を赤松委員に委嘱した」と記されています。ご存じの通り、実際に教育学部に大学院が設置されるのはこの約四十年後です。この議論がその後どう展開していったのかという点については、引き続き資料を精査して研究する必要があります。さらに、教育学部に夜間部を設置することに関しては見合わせるという結論に達しており、これはその通り新制の教育学部へ反映されます。

そして一九四八年二月五日、教育制度改革委員会が建議書を提出します。その中で重要なのは、各学部に設置委員会を設けるという点です。大枠の議論に関しては教育制度改革委員会においてほぼ終了し、より詳細なカリキュラムを含めた検討が各学部の設置委員会へ委ねられます。さらに、同日の改革委員会に『学制改革要綱（案）』が示されます。教育学部に関しては、この二月五日の段階では、国語学科・英語学科・社会学科の三学科編成という試案が出されています。この後は設置委員会に議論の場が移されることになるわけですが、一九四八年六月三十日には第一回学則起草委員会が開かれ、『早稲田大学学則（案）』が提出されます。この学則案では、教育学部の学科編成は、最終的に教育学科・国語国文学科・英語英文学科・社会科の四学科へと変更されています。

ここまで、大学史資料センターが所蔵している資料をもとに、教育学部の新設にあたっての学内における議論と学科編成の流れを確認しました。ただし、文献資料には資料の偏りや不在が確認されます。特に教育制度研究委員会と教育制度改革委員会に関しては議事録がほぼすべてそろっているのですが、その後に設置された教育学部の設置委員会に関する資料は、現在のところほとんど確認することができておりません。全く存在しない訳ではないのですが、僅かな資料には結論の部分しか書かれていないため議論の内容そのものを知ることは困難です。新制教育学部をめぐる研究を進展させるためには、この設置委員会の資料を何とか見つけ出すことが、次の大きな課題だろうと思います。

また、当然ながら文献資料を用いた研究には限界がありますので、直接改革の議論を行われた当事者や近いところで見られていた方々への聞き取り調査も必要になってきます。特に早稲田大学では、二〇三二年の創立百五十周年に向けて『早稲田大学百五十年史』の編纂が始まっておりますす。大学史資料センターとしては、それに向けて新たな資料の発掘や聞き取り調査を進めております。これで私の報告を終わらせていただきます。どうもありがとうございました。

総括討論　―草創期の回顧と次世代への期待―

〔話し手〕　早稲田大学名誉教授　榎本　隆司
石垣　春夫
大槻　宏樹
三尾　忠男
〔聞き手〕　早稲田大学教育・総合科学学術院教授　湯川　次義

司会：ここからは、総括討論と題し、草創期の回顧と次世代への期待をテーマに討論いただきたいと思います。壇上には、榎本隆司先生、石垣春夫先生、大槻宏樹先生においでいただいております。また、聞き手として三尾忠男先生、湯川次義先生にご登壇いただいております。まず話し手の先生がたよりそれぞれお話しいただき、その後、聞き手が進行する形で進めていきたいと思います。どうぞよろしくお願いいいたします。

榎本：教育学部第一回卒業生の榎本でございます。今回の講演会は教育最前線講演会ということで、教育総合研究所が今考えている最前線、あるいは立っている最前線というのはどういう状況なのかということがまず頭に浮かびました。

私もまた、私なりに生きてきた教育の場に関わる最前線に立っています。教育再生実行会議が設けられ、鎌田薫総長が座長を務められるというお話を聞いたときに、私は総長に、国の教育の在り様に向けてしかるべき役割を担うというお立場に立たれるということは大変結構なことだ、現在の教育を巡る状況は非常に危惧されるが、お大事に頑張っていただきたい、と書を呈しました。すると総長から大変丁寧なお返事をいただきました。私の懸念している点を十分に考慮し一意専心に努めるとのことです。一意専心という言葉は、ひょっとすると初めてお聞きになるかたがいらっしゃるかもしれませんが、戦前からずっと使われてきた言葉です。要するにひとつのことに心を注いで努める、という意味です。これは戦中で言えば、お国のために、天皇陛下のためにということになりますけれども、総長はそういう言葉を使われておっしゃっておられましたが、現在、そして将来を深く見据えて重大課題に処する、強いお気持を感得いたしました。

その後の教育再生実行会議の動きは、断片的な情報として入ってきておりましたが、あまり良い状況にはなっていないようです。今の状況は、戦前の厳しい統制下の中、教育が押し曲げられていった状況と似ています。その頃と今の時代状況を比較することを通して、今回の問題はとらえられるべきであると私自身は受け止めております。

中学三年を終わった時点で軍籍に身を投じ、終戦を迎え、どうして良いのか分からない数え十八歳の自身の姿を、私はありありと思い合わせます。どうやって生きていけば良いのかということを含めて、結果的にはとにかく中学三年で学校を辞めて、戦争で負けた人間がもう一度学校へ戻るなどということは考えるべくもなかったのです。大学へいらっしゃいと小学校の先生が勧めてくださったという経緯もあり、早稲田に縁を持つことになりましたが、私自身の今日の教育問題に関する考えの原点というのは、戦争に負けて帰ってきて学校へ行くどころではないという中、どうして良いのやら行く末を思い煩っていた、というところにあります。

問題意識は今日に及んでおります。新聞のニュース等でお気づきのかたもいらっしゃるかと思いますが、かつて文学研究科で私のゼミに在籍していた韓国の朴裕河（パク・ユハ）君が裁判に引っかかっています。国はいろいろな事情の中で、朴君の刑を決めるかもしれません。その中で、朴君が唯一頼みにしているのは韓国の良識のある人々のご判断だと思いますが、そのことについても、私は最近大変怒ったことがあります。彼女が『帝国の慰安婦─植民地支配と記憶の闘い─』で第十五回（二〇一五年度）石橋湛山記念早稲田ジャーナリズム大賞の栄誉を受けることになりました。しかし、私に案内状が届きませんでした。届かないのがけしからんと言っているのではないのです。出席した人の話によりますと、出席カードに私の名前はあったそうです。要するに問題に対する認識が甘すぎるのです。あちこちで表彰の機会を得ている彼女ですが、早稲田大学から表彰されるのが一番嬉しいと私に言っておりました。それこれを含めて、この教育総合研究所も最前線の課題、問題を考えていくべきです。そのことを前段として申し上げておきたいと思います。

石垣：石垣でございます。ここに三人並んでいる名誉教授のうち、榎本先生と大槻先生は早稲田で学んでいらっしゃるのですが、私だけはよそ者でございます。といいますのも、数学科というものは当時の早稲田大学にはございませんでした。私は、それこそ一意専心、軍国家としての日本を支える教育を行ってきた東京高等師範学校が母体である東京教育大学で学びました。当時、数学を学ぶために一番便利だったのは、旧制の東京物理学校へ行くことでした。あそこの数学というのは『坊っちゃん』以来の伝統がありますが、私は旧制の東京物理学校の最後の入学者でした。ところが当時、東京教育大学の教授にノーベル賞候補者の朝永振一郎先生がいらっしゃいました。生意気にもそこへ行くのがノーベル賞に一番近いというので、東京物理学校を辞めて東京教育大学へ行ったわけです。

中学校、工業学校、商業学校、農学校等といろいろあった当時の中等教育の進学率は全部で三割無いくらいでした。これは今の高等教育の進学率よりも少ないです。その中等教育を担う教員の養成というのは大事な仕事でした。当時後進国であった日本が伸びるためには、リーダーを育てる必要があり、それもトップリーダーではなく、例えれば、戦争をやるひとつの単位、四〜五人の長（伍長）です。これがしっかりしている必要があります。戦前の日本の教育はそれに成功しました。

私は五月革命（一九六八年）の二〜三年後にフランスに行きましたが、当時、日本は「ジャパン・アズ・ナンバーワン」の時代でした。数少ない日本料理屋に行くと、日本人技術者がよく食事に来ていました。この人たちは皆、工業高校の出身で大学には行っていません。工業高校の出身者が「ジャパン・アズ・ナンバーワン」で世界に売り込んだ機械のメンテナンスに来ていたのです。今皆さんの周りにあるこの豊かさは、彼らが作ったものだと私は思っています。そういう時代、そういう人を育てる中等教育の教員をどのように養成するかというのは、日本にとって大変な課題だったわけです。ことに終戦後、日本は非常に貧しかったのです。豊かだったのは人間の数だけです。人的資源という考えが当時流行りましたが、人間をちゃんとさせることが、今後文明国の中で日本が生きていくうえで必須でした。これは世界共通の課題でもありました。軍国主義や自由主義といった主義にかかわらず共通の課題だったと思います。

その中で、資源の少ない日本では、技術立国ということで理科教育が大事な仕事になりました。早稲田大学の工学部は、最初から理工学部という名称でしたね。これは今では当たり前になっていますが、戦前に理工学部と称していたのは早稲田大学くらいだと思います。理工とは、つまり原理に基づいた工学です。理学と工学は結びついていて、原理に基づいた技術を教える必要があります。ただしそれは難しいことで、やろうとしてもなかなかうまくはいきません。事実上、「理」が学びの中に育まれたのは戦後になってからでしょう。

教育学部に理学科を新設するという作業は、理工学部との調整が大変でした。早稲田の組織というのは、人の集団をうまく分けられるかどうかで決まります。せっかく理学科を作ったのに、その中に物理専修と化学専修ができませんでした。理学科の中に物理と化学がなくて、なぜ生物があるのか、そしてなぜ地学があるのか、皆さん不思議がります。当時、生物というのは旧帝大にしか置けませんでした。それを早稲田に置くと、超一流の生物学者が集まったのです。生物学専修のＯＢには、全国の学会で現在も大活躍しておられるかたがたくさんいらっしゃいます。地学のほうは非常に変則の学科で、理工学部の地質学科があったのでそこの御世話になったのです。

教員免許状の種類別に倣って数学と理科を分けずに理学科としてまとめたのは、ひとつの学科に教養課程を担当する教員が幾人いなければいけないという決まりがあり、学科別にそれを確保するのが大変だったからです。私はやっと講師になったばかりのときに大先生に混じって設立準備委員をやり、文部省の大学学術局へ月一回くらいのペースで通っていました。それで何とか理学科を作ったのです。後に数学専修は数学科として独立しました。

大槻：大槻と申します。一九五三年に教育学部教育学科教育学専修に入学いたしました。私が入学したころは全国で初めての社会教育専修が早稲田大学にでき、社会人の教育に当たるということで、子どもをおんぶしたり、子連れの成人学生ら多士済済の賑わいでした。休講の時間等を大いに有効利用して、喧々諤々の議論を行っていました。そういう意味では、大変刺激が多く恵まれた学生時代だったかと思います。休講が多かったですし、先生方もだいたい二十分ほど遅れて教室に来られ二十分ほど早く授業を終えられるので、学生同士でお互いにいろいろな議論ができました。私の時代は、少々極端なことを言いますと、例えば高校ではトップクラスの者はマルクス主義、それから二番手、三番手はウェーバー主義というような色分けのようなものがあり、議論が非常に活発に行われていました。大学一年のときに教育学研究会というのを作り、早稲田大学教育学部祭などという勝手な名前をつけ、大隈講堂を借りて教育に関する映画会と演説会を開いた記憶があります。

三尾：ありがとうございます。現在、本学の教職課程の主任を務めております三尾と申します。先輩がたへの質問ということで大変恐縮しておりますが、どうぞよろしくお願いいたします。教育学部草創期の、当時の時代を象徴するような教員養成に関わる思い出や、早稲田としてこのような理念で教員養成を行っていたというお話がございましたら、教えていただきたいと思います。

榎本：この手帳は、私が学生のころに使っていたものです。こちらは昭和二十二年、こちらは昭和二十三年、そしてこちらは昭和二十年のものです。親父にもらったものだろうと思うのですが、住友なにがしという会社の手帳です。とてもお見せできるようなものではないのですが、書かれている中に、当時の様子がありありとうかがえるものが散見されます。時間的に多少前後しますが、当時の写真も持ってまいりました。**写真1**の左側は教育学部設置に貢献をされた赤松保羅先生、座っておられるのは当時の教務主任の大滝武先生、右側が教務副主任の川副國基先生です。**写真2**には、当時教務部長の立場でいらっしゃった佐々木八郎先生が一緒に写っています。これは国語国文学科の学生が研修旅行で訪れた京都の祇王寺でのもので、中央に高岡智照尼という元芸妓の庵主さん、その左が佐々木先生、右に川副先生、そして一番右端に柘植曄事務長が見えます。佐々木先生は『平家物語』研究の第一人者で、校務出張の間を縫って指導案内をしてくださったのですが、事務長は第一回の研修旅行だということででしたか。

写真3は大隈講堂の前で、看板が二つ三つ並んでいます。私が書いたのですが、歴史的なものだと思います。総予算二十七万円で第一回教育学部祭を開催したのですが、そのうちの十四万円

写真1

写真2

写真3

写真4

写真5

写真6

写真7

を使って東宝交響楽団をお招きしました。英語英文学科に在籍していた上田稔君のお父さんが指揮者の上田仁氏だった縁です。**写真4**でお辞儀してらっしゃるかたが上田氏です。その間に、徳川夢聲と和田信賢という、ＮＨＫの戦後のある時期の名アナウンサー二人に話をしていただきました（**写真5**）。それから**写真6**は学部祭が終わった大講堂の舞台で、**写真7**は同じく終了後に外で撮った記念写真です。

私は特に軍隊におりましたので、大学に入るまでしかとしたコミュニケーションを持つという経験がありませんでした。そういうものと無縁の場で生きてきた人間が、入学して早々に、いろいろな条件を持って集まってきた諸君とコミュニケーションを持つ中で、学校という場が自分の生きる場としてあるのだということを知りました。

次世代への期待ということでひとつ申し上げたいのは、こうしたコミュニケーションの場を、もっと確かなものとして復活していただく必要があるのではないかということです。オフィシャルな形では例えば教職員学生協議会等もありますけれども、教員と学生がいろいろな形で、日常的にもっとコミュニケーションの場を持つ必要があるのではないかと感じています。そういう意味では、教員のほうがちょっと怠慢ではないかと早い時期から密かに思っていました。例えば研究室の前に時間割が張ってあり、しばしば面会時間が書いてあります。面会時間を限定するというのはどういうわけですか。せいぜい授業を行うのは週に三〜四日で、前後はいないで、「この日だけはいるぞ」という丁寧なご案内といえばそうなのですが、それが「おまえらの相手はこの日しかしないぞ」ということであるとしたら、とんでもないことだと思います。できれば常時研究室で学生を迎えていただきたいのです。いや、このようなかたちにしておいたほうが、私が研究室にいる時間が分かるから学生にとっては親切なのだ、という意見もあるかもしれませんが、学生は五回でも十回でも研究室を訪れれば良いのです。学生同士はもちろんですが、教員の側もコミュニケーションのかたちを改めてお考えいただく必要があるのではないかと思います。

石垣：皆さんは中学校、高校で一次関数は必ず習っていますよね。二次関数も習っていますね。これらは何のために勉強したのでしょう。試験に受かるためでしょうか。そもそも人間が持っている本能的な部分に、「この調子で行けば」、「この割合で行けば」というのがあるわけです。先行きの見通しが悪い場合には、とりあえずこの割合で行けばと思うわけです。これがそもそもの比例という概念です。ところが、数Ⅰで優を取り数Ⅱで秀を取り、センター試験で満点を取っても、そのことに全然気がついていない人が今たくさんいるのです。これはロジックと関係があります。ある時期、高校の進学者数が非常に増えたとき、一次関数、二次関数といったロジックで定義してしまえば良いという流れができたのです。本来はそうではないのです。一次関数というのはあくまで「この調子で行けば」であって、二次関数は「その調子が変化した場合はどうなるだろう」、というものです。そういう感覚をきちんとロジックに乗せるのにどうしたら良いだろうかと考えるのが数学なのです。教育が逆向きになっていると思いませんか。これは、教育の大衆化には非常に役に立ったのです。人々は理解しないでも問題が解けるようになりました。しかし考えてみたら、問題を解くようなことは、今はコンピューターが全部やってくれるのでしょう。

人間はいらないのです。人間が必要なのはそこではないのだということを申し上げたいです。これは数学に限らず、あらゆる教育においてそうだと思うのです。

私の在職中、ゼミは、守衛のおじさんが鍵を持って教室を閉めに来るまでやるものでした。必ずしもゼミは勉強をしているだけではなく、それに関連した話もたくさんしていました。数学科では市田先生という偉い先生が、「数学科教育法で一番大事なことは、数学を分かるようにしてやることだ」、「教育法なんていうのは、その後からくっついてくるよ」とおっしゃっていました。深い学問の洞察があって、初めてそれをどうやって教えるかが理解できるようになるのです。

大槻：私が大学に入学したころは、教職課程も一般教育もそうでしたが、教育原理等はその学科の長老、大家が担当されていました。これは今とかなり違うのではないでしょうか。今はどちらかというとそうした科目は若い教員が担当することが多く、逆になっています。私は昔のほうが正解ではなかったのかと感じています。

それから国立大学との関連で言いますと、例えば国立でも私立でも付属校がありますが、国立の付属と違い、私立の付属は大学に付属しています。学部の付属ではありませんので、したがって、教科教育学がどうしても後れを取らざるをえず、いろいろな意味で国立の後塵を拝してきたかと思います。ただし、私学として、あるいは早稲田大学としてできることも確かにあるだろうと思います。二〇一五年九月の文部科学大臣から国立学長宛の通達は非常に大きな出来事で、文系つぶし、教養つぶしの側面が強いですが、すでに東京学芸大学では教養系が廃止になります。

その良し悪しはまた議論があるかと思いますが、私は、私学、もしくは早稲田大学はこのような政策に対する緊箍咒《きんこじ》の役割を持たなければいけないと思っております。緊箍咒は孫悟空の頭にはまっている鉄の輪っかで、悪いことをするとカチッとなるあれです。

早稲田大学は自由の学府と言われますけれども、戦争中からの歩みを見ていますと、決して自由の学府であったとは言い切れません。例えば一龍斎貞丈という人の「最後の早慶戦」という史実に基づいた講談がありますが、そこには、早稲田大学が明らかに軍部に協力していた描写が出てきます。慶應大学では、小泉塾長も自ら球場観客席に新聞紙を敷き、学生にとって最後かもしれない試合を愛情をもって見守ります。早稲田大学は軍部へ協力的のあまり、身近な球場に教職員は足を運べなかったのです。そういうことはあまり『百年史』には出てこないのです。私立大学が、もっと緊箍咒の役割を強く持たなければ、この国の教育はうまくいかないのではないでしょうか。そのことを私は強く疑問に思っています。早稲田大学だからこそ、そういう緊箍咒の役割を強く持つべきだと考えております。

湯川：ありがとうございました。私は今日の報告の中で、日本の戦後教員養成改革との関連で、十分それを活かす形で教育学部ができたのだということを申し上げました。今、榎本先生や大槻先生のお話をうかがいますと、社会や教育に対する見方というのは、やはり戦後改革期に青年期をお過ごしになった先輩のご発言だと感じました。私はそれを大変心強くお聞きした次第です。

教育学部は高等師範部から発展したわけですが、実態を申し上げますと、教職課程を選択している学生は教育学部生の七割程度です。最終的に教員免許状を取得する学生は二〜三割程度で、実際に教員になる学生は一割もいません。そういうところが教育学部と名乗っているということについて、批判もありますが、私は決して矛盾しているとは思っておりません。報告の最後で申し上げました通り、教員養成か専門性を備えた広い人材養成かということを択一的にとらえるのではなく、教員になるにしてもならないにしても、学部段階では専門性に立つ教養人の育成ということが大事ではないかと思っています。先生がたは教育学部の教員として長年お勤めになっていらっしゃいましたが、実際に教員養成、あるいは学部教育に携わってきたご経験から、そのあたりはどのようにお考えでしょうか。

榎本：基本的には、湯川先生が先ほどまとめてくださった通りで良いと思います。考えかたとしては、学問を通して各々を優れた人間として鍛え上げていくというのを大前提にして、社会に羽ばたかせるということが絶対必要であると思います。歴史的に見てそれはかなりできていると思います。ただし、中にはいい加減な学生もおります。私どもの先生のお一人である西鶴をはじめとする江戸文学研究の権威暉峻康隆先生が「君たちは税金で勉強しているのではないのだ、親の懐からにせよ、自分の金で勉強しているのだから、そのことをきちんと覚悟して」とおっしゃっていましたけれども、まったくもってその通りだと思います。暉峻先生からは本当にいろいろなことを学びました。酒を飲むことも教えられましたけれども、とにかく楽しいのです。そういう形で学生を厳しく鍛えながら、また豊かな人間作りのためにコミュニケーションを取ってくださいました。やはりまずは教員自身がもっと厳しく自分を鍛えて、大きな人間を作り上げ、そうした中で学生を厳しく鍛えることをしないといけません。そこに、私立のある校長先生が、わざわざ研究室を訪ねてくださって、「教員はワセダです」と強く推奨されるような教育学部の在り様・実績があるのだと私は思っています。

石垣：早稲田大学の良さというのがいろいろとございます。先ほど大槻先生から、二十分遅れて授業が始まり、二十分早めに授業が終わったという話がありました。先生がサボっていたと思うかもしれませんが、早稲田大学自体が大変おおらかだったのです。どこかで昔の時間割を探してみると良いと思います。一時限目は八時から十時、二時限目は十時から十二時、三時限目は十二時から二時……と、休憩時間がまったくありません。私が初めて理工学部の授業を受け持ったとき、どうすれば良いのか事務所に聞きに行きました。そうしたら事務長がニヤニヤ笑って、「先生、八時から十時ということは、その間ならどう使っても良いということなのですよ」と教えてくださいました。つまり、ずっと授業をせよという意味ではないのです。朝が弱い先生は、八時半に来て十時までやればいいですし、早起きの先生は、八時に始めてもう九時半ごろにはやめればいいわけです。学生は巧みに間を縫って、ちゃんとお茶を飲みにいったり、昼食を食べたりしていました。そういう非常におおらかな体質が存在していました。

皆さんは全共闘運動というものを聞いたことがありますか。大変激しいもので、入口にバリケードを築いて、大荒れに荒れて大変でした。しかし早稲田大学には面白さがあり、バリケードにいる革マルさんの誰かに、「よお！」とやると、「おはようございます」と言って校内に入れてくれるのです。バリケードの中の研究室で平気で仕事ができるのです。そうすると、結局ゼミの学生が入ってきたりして、「今日は自主研究会です」、「ゼミやりましょうよ」なんて言うのです。非常に不思議な空間でした。ものすごい対立があって内ゲバまであった次の日でも、早慶戦で校歌の「都の西北」が始まると、皆で一緒に歌ってしまうのです。入学式の校歌斉唱で新入生がすでに校歌を歌える学校なんて、他にはありません。そういう面白い大学です。学生にも変わった者が多く、とんでもなく頭の良い者がほとんど勉強しないでうろちょろしています。これは宝物です。

大槻：私も湯川先生のお考えに同感なのですが、ぜひ、専門科目と教職教養科目を両立させるための教科書を作っていただきたいと思います。早稲田大学だからこそできると思います。教育学研究科を作るときに、いろいろな他の学部や研究科に説明をして了解を得なければいけなかったのですが、どこも協力的でした。特に重複している科目を有する学部や研究科は非常に協力的でした。総合大学としての共同研究の可能性も大きく、ぜひ教育学部の先生がただけではなく、他学部の先生がたや付属校や系属校の先生がたも巻き込んで、さらにＯＢＯＧの組織である稲門教育会のご協力等もいただいて、教科書もしくは副読本を作っていただきたいと思います。そうすることによって、教育学部の存在や目的がよりはっきりするのではないかと思っておりますので、ぜひ実現に向けて努力していただきたいです。

三尾：ありがとうございます。フロアのほうからご質問等がございましたらお受けしたいと思います。いかがでしょうか。

檜皮：講演をさせていただいた檜皮です。私の報告に関係することで、榎本先生あるいは石垣先生に教えていただきたいと思います。新制の教育学部は、創設に関わられたかたがたにとっては、イメージしていたものそのままではなく、かなり不完全な形でスタートせざるを得なかったのではないだろうかと、報告の準備をしながら強く感じました。逆にスタートしてから、創設のときには達成できなかったものを少しずつ補っていくような形で、おそらく十五〜二十年くらいかけて学部作りを行ってきたのではないかと思っております。お二方のご感想をお聞かせいただければと思います。

榎本：確かにそのような経緯があったかと思います。ここに、**写真2**に写っておられる佐々木八郎先生を追慕するかたちで弟子たちが編んだ『聴雨追想』という一冊があります。この中には教育学部設立時の先生の奮闘ぶりを伝える歴代総長ほかの証言がたくさん載っており、教育学部成立史に関わる大事な文献のひとつとなっています。これを読むと当時の状況がより鮮明に分かるでしょう。

石垣：おっしゃる通りだと思います。高等師範部から教育学部を作る際に、各教科を全部作ろうとしたわけですが、最初に社会科を含めた文系教科が設置され、その後徐々に理系教科を学ぶことができる学科を作っていきました。

湯川：戦後に新制大学を作る際には、人材・設備の観点から、すでに戦前からあったものを基盤にして学部作りをせざるを得なかった状況があると思います。そうした点からは不完全という状況があったかもしれません。また、早稲田大学教育学部の創設に関しては、他大学の教育学部の創設状況と比較しながら研究する必要もあろうかと思います。

三尾：フロアからたくさんご意見をいただこうと思っておりましたが、時間になってしまいました。教育学部草創期を支えてくださった先生がたからたくさんのご意見を賜りまして、非常に勉強になりました。教職課程主任として、また大学教員として、襟を正し責任を持って教員養成に立ち向かっていきたいと思います。これで総括討論を閉じさせていただきます。どうもありがとうございました。

「早稲田教育ブックレット」№.15刊行に寄せて

堀　誠

二〇〇四年から学術院制度をとる早稲田大学において、教育・総合科学学術院は、教育学部、大学院教育学研究科、大学院教職研究科、教育総合研究所を四位一体として教育・研究に取り組んでいる。

その四つの箇所の中で最も歴史の古いのが教育学部である。開設は新制大学のスタートした一九四九年であり、その開放性による教員免許取得システムは今日にまで受け継がれている。その前身となる高等師範部は、東京専門学校が早稲田大学に昇格改称した翌年の一九〇三年に開設され、そこから起算すれば、百十年を上回る教育の歴史を有することになる。その沿革や変遷は、『早稲田大学百年史』別巻Ⅰ（一九九〇年十月）第四章「教育学部」に詳説されるところであり、また『早稲田大学教育学部五十年』（二〇〇〇年三月）にも卒業生の思い出の記を含めた歴史が紡ぎだされている。

一九九〇年には大学院教育学研究科が、二〇〇八年には大学院教職研究科が創設され、学部においては二〇〇八年に教育学科初等教育学専攻が開設されるにいたった。こうして小学校・中学校・高等学校の教員養成を含めた教育の道筋を創出し、教職課程を擁する箇所として全学的な教員免許状の取得ならびに教員就職の指導に力を尽くしてきた。全国に散じて教育に携わる早稲田を巣立った教員の集まりである稲門教育会は、一九七六年に総長を会長に戴いて組織され、大学での総会ならびに各都道府県での職域稲門会としての根強い活動は、『稲門教育会三十年の歩み』（二〇〇八年五月）にもうかがうことができる。

教職課程は二〇一六年四月に「教職支援センター」の新しい名称により教育・総合科学学術院の新箇所として、全学的な学部・大学院にわたる教員免許の取得や教員就職の指導はもとより、教員免許更新講習や稲門教育会をも統括する組織体として新生する運びである。そのトータルな教員養成のシステムを展望する上でも、早稲田の教員養成の足跡を顧み「早稲田の教員養成」を反芻してみることの意味は大きい。

高等師範部の歴史を直にご存じの方々もまた少なくなった。『戦後の教員養成改革と私立大学—早稲田大学教育学部の回顧から—』（教育最前線講演会シリーズＸＸⅡ）の企画には、歴史をひもとき将来を展望する意図が込められている。発案者の和田敦彦先生、アイデアをいただいた湯川次義先生、三尾忠男先生をはじめ、ご登壇いただいた檜皮瑞樹先生、榎本隆司先生、石垣春夫先生、大槻宏樹先生方にあらためてお礼申し上げる。一つの記録の意味からも幅広くお読みいただけることを期待してやまない。

（早稲田大学教育総合研究所　所長）

著者略歴（2016年３月現在）

湯川　次義（ゆかわ　つぎよし）
早稲田大学教育・総合科学学術院教授　博士（教育学）
略歴：早稲田大学教育学部卒業。青山学院大学文学研究科博士課程単位取得退学。国士舘大学教授を経て、現職。

檜皮　瑞樹（ひわ　みずき）
早稲田大学大学史資料センター助教　博士（文学）
略歴：早稲田大学大学院文学研究科博士課程満期退学。早稲田大学大学史資料センター助手を経て、現職。

榎本　隆司（えのもと　たかし）
早稲田大学名誉教授・名誉評議員
略歴：早稲田大学高等学院教諭から教育学部本属となり、教務主任心得（学担）、学部長（専攻科委員長）を経て本庄高等学院長を兼務。この間、都留文科大学、立教大学・大学院、國學院大學、山梨大学、成城大学・大学院へ出講、早稲田大学大学院文学研究科・教育学研究科の講義・演習を担当。その他、教育総合研究室（現・教育総合研究所）室長、第一回将来計画審議会議長、競走部長、国語教育学会代表委員を務め、大学基準協会専門委員、東久留米市教育委員長等々を歴任。

石垣　春夫（いしがき　はるお）
早稲田大学名誉教授
略歴：早稲田大学高等学院教諭、理工学部講師、教育学部助教授、同教授（大学院理工学研究科、教育学研究科を兼担）を経て、現在に至る。早稲田大学教育総合研究所初代所長、日本数学会・日本数学教育学会名誉会員、数学教育学会顧問。

大槻　宏樹（おおつき　ひろき）
早稲田大学名誉教授　文学博士
略歴：早稲田大学大学院文学研究科博士課程修了。早稲田大学教育学部助手、助教授、教授、相撲部長。早稲田大学教育総合研究所二代所長、早稲田大学本庄高等学院二代学院長、日本社会教育学会名誉会員。

三尾　忠男（みお　ただお）
早稲田大学教育・総合科学学術院教授　修士（教育学）
略歴：鳴門教育大学大学院学校教育専攻修了。文部科学省大学共同利用機関放送教育開発センター助手、同助教授、メディア教育開発センター助教授、早稲田大学教育学部助教授を経て、現職。